LE RÉVÉREND PÈRE

JOSEPH DELARUE

PARIS
Imprimerie MASSIS, 208 bis, Rue Lafayette
1926

Abbé DELARUE

† le 22 Décembre 1925

LE R. P. JOSEPH DELARUE

J'ai eu l'honneur de connaître le R. P. Delarue en 1911 lors de son séjour à Constantinople. Il y poursuivait son enquête sur les massacres d'Adana du mois d'Avril 1909. Il tenait, pour compléter sa documentation, à faire traduire tout ce qui avait été dit à la Chambre et au Sénat turcs sur ces massacres et sur les affaires arméniennes en général. Je lui offris de lui traduire les passages des comptes rendus qui l'intéressaient. Je ne savais pas à quoi je m'engageais ; cette traduction était un véritable casse-tête, et on s'en rendra aisément compte quand on saura comment étaient reproduits les débats parlementaires. La sténographie turque n'existant pas, voici comment avait été résolu le problème de reproduire in extenso ces débats. Huit à dix secrétaires étaient, dans chacune des deux Chambres, placés sous la direction de ce que j'appellerai un chef d'orchestre, parce qu'il était armé d'un bâton. Ce chef dirigeait son bâton successivement vers l'un des secrétaires, et celui qui était ainsi visé devait écrire aussi vite qu'il le pouvait, la phrase que prononçait l'orateur, et s'arrêter au moment où le bâton était dirigé vers le camarade assis à côté de lui. A la fin de la séance on mettait bout à bout ces phrases ou membres de phrases. Hélas ! si les chefs d'orchestre arrivent le plus souvent à maintenir l'harmonie entre les exécutants, le chef des secrétaires, malgré toute sa bonne volonté, n'arrivait le plus souvent qu'à établir un texte incompréhensible.

Nous avons passé avec le Père Delarue de longues heures pour arriver à découvrir le sens exact des comptes rendus parlementaires.

J'ai cité ces détails pour montrer avec quelle conscience le Père Delarue remplissait ses devoirs d'historien. Il avait commencé à recueillir les matériaux de l'ouvrage qu'il voulait consacrer aux évènements de Cilicie de 1909, ouvrage qui devait comprendre deux volumes. J'ignore ce que sont devenus les matériaux et les notes amassés en vue de cette publication ; mais, je n'hésite pas à dire que leur perte serait à jamais regrettable. Nul ne pourra plus refaire avec une telle compétence, une telle conscience, et j'ajoute avec une telle impartialité, le récit de ce qu'on a appelé «Les Vêpres Ciliciennes». Il est vrai que le P. Delarue lui même me disait que le massacre de quelques milliers d'Arméniens en 1909 perdait de son importance auprès du massacre de plusieurs centaines de milliers pendant le cours de la guerre mondiale. Mais, il n'en reste pas moins que les massacres de Cilicie au lendemain de la proclamation de la Constitution par les Jeunes Turcs, et alors qu'on célébrait la fraternisation des différentes races de la Turquie, gardent tout leur intérêt historique.

Nos relations avec le Père Delarue ont continué à Paris après la guerre. Et c'est alors que j'ai pu constater quelle âme d'apôtre, quelle âme de saint, dans la plus large et la plus belle acception de ce mot, était le Père Delarue! D'un désintéressement absolu, n'ayant jamais rien demandé aux Arméniens et n'en ayant rien reçu, sachant que son dévouement à leur cause ne pouvait lui rapporter aucun avantage matériel ou moral, sûr, au contraire, qu'il n'aurait qu'à en éprouver que des ennuis ou des avanies, le Père Delarue n'a pas hésité à consacrer les dernières années de sa vie aux Arméniens, poussé par le seul amour de la vérité et du bien. Sa mort même a été la suite d'un voyage accompli en pleine saison d'hiver par dévouement pour les Arméniens.

Avec quelques amis nous avons pensé qu'il était de notre devoir de perpétuer la mémoire de cet ami si dévoué des Arméniens en lui consacrant quelques lignes de biographie, puisque les règles de l'Ordre auquel il appartenait interdisent d'élever sur sa tombe le modeste monument qui aurait dit notre reconnaissance et notre admiration.

Je sais qu'une simple petite brochure ne saurait être le digne interprète des sentiment d'affection, de profonde gratitude et de haute estime dont tous les Arméniens sont animés envers le très regretté Père Delarue; mais, du moins, nos compatriotes pourront la garder comme une relique de famille qui leur rappellera le cher souvenir du noble et grand ami que nous avons perdu.

G. SINAPIAN

Notice Biographique.

Le Révérend Père Louis Marie JOSEPH Ambroise DELARUE naquit à Pontoise le 22 août 1853. Son père, qui y exerçait les fonctions de Principal du Collège communal, mourut prématurément le 28 décembre 1860; il avait eu de sa femme, Louise Decret, neuf enfants. Les deux aînés devinrent de brillants généraux : le deuxième est glorieusement tombé au champ d'honneur en 1915.

Madame Delarue était une femme de grand cœur et de grande intelligence: elle sut élever ses enfants en leur inspirant un haut sentiment du devoir chrétien.

Le jeune Joseph Delarue débuta comme écolier au Lycée d'Orléans en 1862, et il revint dans cet établissement scolaire, après un court séjour à Notre Dame d'Auteuil. Il entra ensuite au Petit Séminaire de la Chapelle de Saint Mesmin à Orléans. En 1870, Madame Delarue, soucieuse d'éloigner ses jeunes enfants des atrocités de l'invasion allemande, les emmena dans le Midi. Après quelques mois passés au Lycée de Nice, Joseph fut conduit au Collège de Monaco dirigé par les Pères Jésuites. Ce fut son premier contact avec eux. Il y eut pour supérieur un éminent religieux, le R. Père Pellico, le propre frère de l'auteur de «Mes Prisons».

La guerre et la Commune terminées, Joseph Delarue fut confié par sa mère aux Jésuites du Collège de l'Immaculée Conception à Vaugirard (2 Janvier 1872). C'est là que germa définitivement en lui l'attrait de la vocation religieuse. A la fin de Novembre 1874, Joseph entrait au Noviciat d'Angers. Le Frère J. Delarue y montra et y développa les grandes qualités du cœur et de l'intelligence dont il avait déja donné les preuves. Durant ces deux années de noviciat, il fut l'objet d'une prédilection, et aussi d'une confiance, qui se continuèrent durant les années suivantes pour assurer le plein et harmonieux développement d'une âme où le cœur et la sensibilité donnaient déja de si riches promesses. Le Frère Delarue prononça ses premiers vœux le 8 Décembre 1876.

Puis, commence pour notre jeune religieux la longue période de formation intellectuelle générale, c'est-à-dire:

Formation littéraire: à St Acheul 1875-1877 — à l'Université catholique d'Angers — 1881-1883.

Formation philosophique: au Scholasticat St. Michel de Laval 1877-1879.

Quatre années de théologie commencées au Scholasticat d'Insbruck (Tyrol), terminées au Scholasticat de St Louis de Jersey — 1889-1890.

Une année de second noviciat pour clore, suivant l'usage, la période de sa formation — 1889-1890.

Mais notre jeune religieux avait toujours manifesté un goût tout particulier pour les études historiques; sa «spécialisation» fut commencée à Paris durant l'année 1884-85 où il fut élève de la Sorbonne, et elle devait trouver son plein achèvement beaucoup plus tard, lorsque le Père Delarue passa une année à Rome et se passionna pour les études d'antiquité chrétienne, lorsqu'il conçut pour les touchantes et mystérieuses scènes des Catacombes cette véritable passion qui devait inspirer tant de travaux et le conduire si loin sur les routes de l'apostolat.

Joseph Delarue fut ordonné prêtre le 8 Septembre 1888 par Mgr Virtue, Evêque de Portsmouth. Après avoir subi avec succès en 1889 l'examen qui est le couronnement des Etudes théologiques, il fut admis au rang de Profès de la Compagnie de Jésus. Le Pére Joseph prononçait le 2 Février 1891 ses vœux solennels dans l'Eglise du Gesù à Paris, devant le R. Père Labrosse, Provincial de France.

Le Père Delarue, ordonné prêtre, licencié en Sorbonne, possède déjà un bagage important d'instruction; ses supérieurs n'hésitent pas à le nommer professeur à l'Ecole navale de Jersey et au Scholasticat de St Louis. Dans ce dernier Etablissement, il enseigne pendant cinq ans l'Histoire Ecclésiastique, pendant une première période allant de 1893 à 1895 et pendant une seconde période allant de 1896 à 1899. C'est entre ces deux périodes que se place son voyage à Rome dont nous avons déja parlé, et au cours duquel il se passionna pour l'étude des Catacombes. En même temps, le jeune historien approfondissait l'étude du Droit Canon et celle des rapports de l'Eglise avec les Puissances européennes et avec la Puissance musulmane.

Le Père Delarue quitta Jersey en 1899. Il vint s'installer à Paris, ville qu'il ne devait plus quitter, sauf pendant le temps consacré à ses voyages. Il y arrivait au moment où le monde catholique allait se trouver sous le coup des mesures prises contre les Congrégations, et en 1901 ou 1902, le Père Delarue s'installa dans le modeste appartement du numéro 98 de la rue de Vaugirard. C'est de là qu'il partira pour ses longs voyages, c'est là que ses amis et ses admirateurs vont le voir toujours absorbé par ses études, c'est là, enfin, que la mort viendra terminer si brusquement sa bienfaisante et fructueuse carrière.

A côté du labeur scientifique, se place le labeur de ministère apostolique : retraites données dans bien des couvents, patronages, orphelinats, où la chaude et entraînante parole du Père Delarue a laissé un souvenir ineffaçable. Nous ne pouvons nous étendre sur cette partie de l'apostolat du Père tant à Paris qu'en province; il y faudrait une plume bien plus compétente que la nôtre. Mais, qu'on nous permette au moins de dire que le Cardinal Amette et Mgr l'Archevêque de Sens, pour ne citer que les noms les plus illustres, ont rendu au zèle, au dévouement et au talent du conférencier et du prédicateur un témoignage bien exprès et très significatif. Cet apostolat du Père Delarue, la mort seule a pu l'interrompre.

Le Père Delarue menait de front, avec ses travaux et son œuvre de missionnaire, une œuvre pour ainsi dire de vulgarisation historique et scientifique; dans des conférences accompagnées de projections lumineuses, il exposait l'histoire des origines chrétiennes, l'histoire des Eglises d'Orient, plus particulièrement celle de l'Eglise arménienne. Les clichés servant aux projections étaient en majeure partie des photographies faites par le Père Delarue lui même.

Nous devons maintenant parler succintement de la vie du Père Delarue dans sa partie que j'appellerai orientale ou pour mieux dire arménienne. C'est en 1902 que le Père prend pour la première fois contact avec l'Orient; il quitte Marseille le 21 mai de cette année sur la *Nef du Salut* et il visite la Palestine où devaient tressaillir toutes les fibres d'une âme si ardente pour la cause du Christ. Au retour, la *Nef du Salut* passait à Constantinople; le Supérieur des Pères Jésuites invita le Père Delarue à s'y arrêter. Il visita l'ancienne Byzance, et un Père Assomptionniste l'entraîna jusqu'à Brousse, Nicée et Nicomédie. Il rentra en France à la fin de Juillet.

Le succès obtenu par les Conférences sur les Catacombes que le Père Delarue donnait depuis déjà quelques années tant à Paris qu'en province, et même à l'étranger, en Suisse et en Italie, avait fait connaître son nom. Aussi, fût-il invité vers la fin de 1909 par le Supérieur de la Maison des Jésuites au Caire à y donner quelques conférences et, en même temps, à y prêcher le Carême. De l'Egypte, il partit pour Constantinople où venait d'éclater le mouvement Jeune Turc. Mais au moment même où Abd-ul-Hamid était renversé, où le régime sanglant qui avait été le sien paraissait aboli, éclatèrent les massacres d'Adana.

Quelle douloureuse émotion pour le Père Delarue et comme les souvenirs de 1895 durent lui remonter en mémoire. Car, dès cette époque, les échos de la tragédie arménienne, répercutés par les grandes voix et les plumes éloquentes des Charmettant, des Vandal, des de Mun et des Cochin, était venus jusqu'à lui, et bien que de loin, il en avait suivi les tristes étapes. Il connût les détails lamentables des évènements d'Adana. Il vit la possibilité et l'utilité de mener une vaste et minutueuse enquête qui permît de déterminer les causes de ces désastres périodiques, d'en fixer les responsabilités, d'éclairer l'opinion européenne et mondiale par des détails précis et sûrs. Il résolut de se donner à cette tâche avec tout son cœur et tout son esprit.

Au retour d'un second voyage en Egypte et en Palestine, et avant de se rendre à Constantinople, le Père Delarue se rendit à Adana pour continuer sur place la grande enquête qu'il avait commencée sur les évènements sanglants dont cette ville venait d'être le théâtre. Après de nouvelles pérégrinations à Constantinople, à Beyrouth, à Damas et à Alep, il était en avril 1910 de retour en France. Mais, au début de 1911, il retournait en Egypte, puis se rendait encore une fois en Palestine et, enfin, à Alep, où il s'arrêta pour mettre en ordre les nombreux documents qu'il avait recueillis. Il eut la chance de se faire accompagner par le drogman qui avait aussi suivi le consul Roquefferier « pendant sa course héroïque dans les régions trop fameuses ».

Accompagné de ce drogman qui fut un précieux informateur, et ensuite par le Père R., lui aussi profond connaisseur des choses et des hommes de l'Orient, le Père Delarue visita Aïntab, Birédjik, Killis, Chiklé, Akbès, tantôt à pied, tantôt à cheval, dans des conditions qui faisaient de ce voyage un véritable martyre. Mais, que n'aurait donc pas enduré le Père Delarue pour l'œuvre vengeresse de justice et de vérité qu'il avait entreprise!

Vers la mi Septembre 1911, le Père Delarue était rentré à Constantinple. En Janvier 1912, une chute dans la neige amena une fracture de la jambe qui l'obligea à se faire admettre à l'Hôpital Français, puis à garder la chambre jusqu'en Juin dans la Maison des Pères Jésuites à Agha Hamam.

A la fin Septembre 1913, le Père Delarue reprenait la route d'Adana; il visitati Hadjine, Alexandrette, Latakié, Kessab, Antioche, Beylan, et il demeurait en Cilicie jusqu'à la fin de Mars 1914. Il rentrait en France au mois de Mai de la même année.

On trouvera dans le très intéressant article qu'a bien voulu écrire pour cette brochure M. Bareilles, dont les ouvrages sur la Turquie et les Turcs font autorité, quelques détails et une appréciation sur l'enquête entreprise par le Père Delarue. Nous n'y ajouterons rien.

C'est à la mise au point du grand ouvrage qui aurait contenu les résultats de cette vaste et impartiale enquête que le Père Delarue travaillait, quand la grande guerre vint mettre la perturbation dans ses occupations, le jetant dans le ministère des ambulances et, depuis la conclusion de la paix, dans cette Œuvre des Réfugiés arméniens à laquelle, avec une abnégation si parfaite, il subordonna tous ces travaux si passionnants.

Après la guerre, le Père Delarue partagea les espoirs et les déceptions des Arméniens. Puis, quand les évènements politiques ne permirent plus d'espérer la réalisation des promesses faites tant de fois aux Arméniens, le Père Delarue ne manqua pas une seule occasion de mettre sa science et sa parole au service de la cause qu'il a défendue toute sa vie. Il fit des conférences, prononça des sermons suivis par un très nombreux auditoire où les Français venaient en grand nombre. Quand fut formé le Comité français pour les Chrétiens d'Orient, sous la Présidence de S. E. Le Cardinal Dubois et de S. G. Mgr Chaptal, il en fut nommé le Secrétaire spécial pour les réfugiés arméniens et il déploya la plus grande activité dans ces fonctions.

Mais, nous oserons dire que plus peut être que dans cette partie apparente, pour ainsi dire, de son apostolat, le Pere Delarue a été admirable dans un rôle que peu de personnes ont connu et dont nous dirons quelques mots.

Par suite de leurs malheurs présents et des menaces de l'avenir, des milliers de Chrétiens orientaux sont venus en France cherchant à reconstituer un foyer et à refaire leur vie. De ces chrétiens déracinés, les Arméniens de Turquie forment le plus grand nombre et sont certainement les plus douloureusement éprouvés. Le Père Delarue consacra à les assister tout sont temps, toutes ses forces et tout son cœur, plaidant partout leur cause, sollicitant en leur faveur toutes les influences et recueillant pour eux ressources de tout genre. Un aspect particulièrement touchant du zèle et du dévouement inlassable du Père Delarue est l'aide morale et matérielle qu'il donnait aux jeunes gens arméniens qui frappaient si souvant à la porte de son modeste appartement; non content de faire des démarches incessantes en leur faveur, de faire le siège de tous ses amis pour eux, il leur ouvrait largement sa bourse pour les secourir et son cœur pour les réconforter.

Le Père Delarue s'occupait indifféremment de tous les Arméniens dans le besoin, qu'ils fussent ou non catholiques. Mais, il a apporté toute sa collaboration aux Arméniens Catholiques pour leurs besoins spirituels; il s'est donné beaucoup de mal pour trouver un logement convenable à leurs chefs ecclésiastiques et il a travaillé avec un zèle infatigable pour trouver tant à Rome qu'ailleurs, les ressources nécessaires pour l'exercice de leur culte. Il ne lui a pas été donné de voir la constitution en association de la Mission en faveur des Arméniens catholiques menée à bonne fin par S. G. Mgr. Chaptal, Auxiliaire de S. E. le Cardinal Dubois.

Le Père Delarue avait été un des premiers adhérents de la Société des Etudes Arméniennes dont font partie de grands savants comme MM. Meillet, Millet, Macler, etc. A la séance annuelle du 15 Janvier 1926 de cette Société, son éminent Président, Mr. Charles Diehl, rendait hommage à la mémoire du Père Delarue en ces termes: «Il y a quelques semaines à peine disparaissait le Père Delarue, un ami de la première heure, et dont vous n'avez pas oublié l'intéressante et vivante communication qu'il nous fit, il y a quelques années, sur la Cilicie».

C'est en se rendant à Lausanne, en plein hiver, pour régler une donation qu'une riche amie des Arméniens devait faire, que le Père Delarue a contracté les germes de la maladie foudroyante qui devait l'emporter le mardi 22 Décembre 1925. Ses obsèques ont été célébrées à l'Eglise Notre-Dame des Champs et sa tombe se trouve dans l'annexe du cimetière Montparnasse, rue Emile Richard. Quelle sépulture plus que la sienne serait-elle digne de porter gravés les mots : « Vitam impendere vero » ?

G. S.

Un Chapitre de l'Histoire Contemporaine de Turquie.

Au printemps de 1909, la Turquie se trouvait encore, plusieurs mois après la restauration de la Charte Constitutionnelle, en pleine agitation révolutionnaire. L'enthousiasme qu'avait suscité dans le peuple cet évènement continuait à couler à plein bord sur les rives du Bosphore. Les regards du monde étaient tournés vers le seleil levant de la démocratie turque ou ottomane, comme on disait alors. La France, en particulier, se montrait fière d'une révolution où elle croyait voir la vivante image de ses idéaux. Les Jeunes Turcs ne se réclamaient-ils pas de ses idées, de ses principes à majuscule, ce qui est bien usé chez nous, mais qui avaient, à cette distance, la fraîcheur du neuf, la chaude fascination d'un mirage oriental ?

Il faut reconnaître que la révolution ottomane, pour tout ce qu'elle promettait, était propre à émouvoir, non seulement les orateurs de la Bourse du Travail, mais tout esprit simplement généreux. Ce quelle promettait, ce n'était rien moins, en effet, que le rapprochement des races du près-Orient, désormais réconciliées dans un idéal de concorde fraternelle ; c'était la paix dans la péninsule des Balkans où, encore la veille, bouillonnaient tant de passions politiques et religieuses. C'était, enfin, la solution définitive de l'éternelle question d'Orient, désespoir de la vielle diplomatie, et qui avait fait couler tant d'encre, des fleuves de sang. Qui ne se serait réjoui d'un évènement aussi heureux? Les Turcs, on les couronnait de fleurs; aucune note discordante dans le concert d'éloges qui montait en leur honneur. Cette année là, tout le Montmarte International dansa la carmagnole turque au son du *tarabouka.*

La fête battait encore son plein quand, sur cette griserie tomba, comme un douche d'eau glacée, la nouvelle des massacres de Cilicie. Si imprévu était l'évènement, si grave, qu'on en parlait à voix basse, tant, elle mettait dans l'embarras la turcophilie sentimentale des salons, mais, particulièrement, les turcophiles de la grande Presse dont les Jeunes-Turcs avaient, suivant l'usage, pris la précaution d'acheter la discrétion. Cependant, la chose était vraiment trop grosse pour passer inaperçue. Pensez donc, 30.000 victimes! Encore une fois, les Turcs avaient bien travaillé.

Quelle profonde déception pour les populations chrétiennes, elles qui avaient mis leurs espoirs dans l'action de ces hommes nouveaux, qu'elles glorifiaient avec un enthousiasme si touchant, car elles devinèrent d'instinct d'où partaient les coups qui les frappaient! Cette révolution, tous l'avait souhaitée au temps de la tyrannie avec une ardeur égale, et tous, autant les chrétiens que les musulmans, y avaient collaboré par le sang répandu, les idées semées, les sacrifices de toute sorte. Les atrocités d'Adana n'annonçaient rien moins que le retour du régime hamidien. Telle fut aussi l'impression des étrangers qui vivaient là-bas et qui observaient les aspects d'un drame où s'agitaient les passions d'une société qui, pour la première fois depuis sa formation, avait la liberté de la parole et des gestes.

A travers les fluctuations apparentes de la pensée turque, des incidents quotidiens marquaient l'orientation d'une politique qui s'éloignait de jour en jour du programme de la première heure. Les indices se multipliaient d'un état d'esprit où s'affirmait de la façon la plus brutale la tendance vers un nationalisme d'espèce islamo-touranienne, qui se révélait dans les manifestations officielles, dans les polémiques des journaux, dans les réunions publiques. Des orateurs prononçaient des discours où s'étalait librement l'orgeuil de race qui est le trait caractéristique de l'ottoman.

La démonstration de Cossova, où Mehmed V s'était rendu pour commémorer en grande pompe la victoire du Croissant sur la Croix en 1337, était significative par elle-même. A ce même moment, le libéral Husséin Djahid ne déclarait-il pas dans le *Tanine* que la nation turque demeurerait, quoi qu'il advint, *la nation dominante?*

On sait que ce journal a soufflé pendant une quinzaine d'années l'intolérance en Turquie, la révolte dans l'Islam. Un autre organe, non moins libéral, le *Sabah,* développait cette idée, qu'il était préférable dans l'intérêt turc d'avoir une *population homogène.* Juxtaposées, ces deux thèses, jaillissant d'une même source, posaient le dilemme : ou l'asservissement ou l'extermination.

C'était un avertissement.

Sous peine d'être exterminés, les chrétiens devaient renoncer à leurs statuts personnels, après avoir renoncé spontanément aux garanties que les Puissances venaient d'imposer à la Turquie hamidienne et qui prévoyaient en leur faveur une participation aux emplois publics proportionnelle au chiffre des populations. La prétention eût été inattaquable si le Comité Union et Progrès n'avait cherché à violer la charte constitutionnelle, précisément sur des points fondamentaux qui intéressaient particulièrement les non-musulmans. Aux chrétiens, l'on demandait le sacrifice de leurs privilèges, avant qu'on eût songé à laïciser les institutions islamiques, et avant toute tentative de les rajuster au nouvel ordre de choses; mais, les chrétiens pouvaient-ils obtempérer à ces exigences aussi longtemps que la législation religieuse, dite du *Chériat,* continuerait à régenter le droit public ottoman? S'y soumettre, à cette heure où les Jeunes-Turcs multipliaient les preuves de leur mauvaise foi, c'eût été d'autant plus imprudent qu'ils n'avaient désormais où s'accrocher. N'avaient-ils pas renoncé aux garanties que les traités avaient stipulés en leur faveur à l'avènement du nouveau régime? Il y avait de fortes apparences pour supposer que l'Europe interdirait désormais toute immixtion dans les affaires intérieures de la Turquie constitutionnelle.

Visiblement, leur Constitution était un moyen et non un but, une ruse destinée à ramener sous le joug toute une classe de citoyens que les traités, la culture et le travail avaient moralement émancipés. A vrai dire, les chrétiens n'étaient guère disposés à accepter cette régression, même sous le signe constitutionnel. Les profiteurs mis à part, les gens réfléchis connaissaient trop bien le pays pour avoir pu croire sérieusement que les Turcs les traiteraient jamais sur un pied d'égalité raisonnable. Ils n'auraient fait même aucune difficulté de reconnaître au conquérant le titre qu'il ambitionnait de *nation dominante;* et, puisque tout est relatif en Turquie du fait que le passé pénètre le présent, quel qu'en soit l'aspect extérieur, ils se seraient tout aussi bien accomodés d'un régime hamidien sans le massacre, le viol et le pillage. L'éducation des masses musulmanes étant encore à faire, pouvaient-ils croire qu'un changement de gouvernement transformerait du jour au lendemain de vieilles habitudes? L'évolution des esprits, à supposer qu'elle fût possible, et leur adaptation aux conditions d'une vie nouvelle, étant une œuvre de longue haleine, aurait exigé une préparation que le temps seul peut donner, et que seul un gouvernement sincèrement réformateur et pacifique pouvait réaliser. En attendant, les chrétiens étaient disposés à assumer toutes les charges inhérentes à la qualité de citoyens. Ils apporteraient leur contribution à l'œuvre de relèvement du pays.

Mais il s'agissait bien de cela. La politique du Comité Union et Progrès évoluait ostensiblement dans le sens de l'intolérance et de la mégalomanie. Sa presse réclamait, en même temps que l'abolition des privilèges patriarcaux, celle des capitulations, et ceci visait l'étranger. Elle parlait de réparations historiques, exigeait la revision des traités qui, dans le passé, avaient porté atteinte aux droits imprescriptibles, à la dignité de l'Empire Ottoman! Rien ne peut donner une idée du cynisme de cette polémique que la campagne menée à ce moment contre la France. De quel droit s'ingérait-elle dans les affaires intérieures de la Turquie? Les massacres d'Adana? Mais elle-même n'avait-elle rien à se reprocher à l'égard des musulmans de l'Afrique du Nord qu'elle accablait de vexations? La Turquie devait prendre leur défense dès l'instant que la France se constituait la protectrice des sujets chrétiens de l'Empire. « La Turquie aux Turcs ». Tel était le mot d'ordre. Sous l'influence de cet état d'esprit, l'ottomanisme des premiers jours cédera au dogme du panislamisme, et ce sera la guerre sainte, encouragée par le Kaiser qui venait de déclarer la sienne à l'Entente, puis le panislamisme se teintera de nationalisme et ce sera le kémalisme. L'alliance allemande aura ainsi facilité à la Turquie la triple tâche d'abolir les capitulations, de liquider à sa guise la question des nationalités, d'expulser de son territoire les colonies étrangères.

Depuis le commencement du siècle dernier, le massacre des chrétiens était entré dans le système ottoman. C'était devenu un principe d'Etat. La Sublime Porte recourait à ce moyen soit pour réprimer une révolte, soit pour affaiblir tout organisme national dont le développement eût pu compromettre son autorité, soit aussi dans un but d'intimidation pour étouffer préventivement toute velléité réformatrice. La vieille Turquie eût été loin dans cette voie si la crainte de l'Europe, encore vivace, ne l'avait engagée à en modérer l'application. Les massacres de Chio et de Constantinople en 1821, de Syrie en 1861, de Bulgarie en 1875, eussent pris des proportions hamidiennes sans les interventions de la Russie, de la France et de l'Angleterre.

En 1877, le concert européen mettait la Turquie en demeure de moderniser son administration par l'application d'une série de réformes qu'il avait résumées en quelques formules. Cette intervention mit la Porte dans une grande perplexité; accepter, c'était, à bref délai, la régénération sociale et économique de l'ex-*raya*; refuser, c'était la guerre. La Russie mobilisait sur les confins de la Bessarabie et la flotte anglaise était aux Dardanelles.

Que faire? Pour la première fois la Turquie se trouvait prise dans l'étau d'un dilemme d'où elle ne pouvait sortir sans préjudice pour ses traditions. Le salut vint de Midhat Pacha, celui qu'on devait nommer le Père des libertés turques. Il proposa à Abdul-Hamid de l'autoriser à s'entendre avec les plénipotentiaires sur un projet de charte constitutionnelle qui leur donnerait toute satisfaction. Le Sultan avait le choix, mais il réfléchit qu'il lui serait, à l'occasion, plus facile de se défaire d'un parlement turc que d'un contrôle européen. Il le nomma Grand-Vézir avec pouvoir d'agir à sa guise. La charte promettait naturellement aux *Rayas* un traitement d'égalité avec les musulmans, ce qui impressionna favorablement l'anglais Disraëli; mais le russe Gortchakoff, peu touché par cette manœuvre de la dernière heure, se montra inflexible. La guerre devait sortir de ce conflit, et ce fut la Russie qui en fit les frais. Ecrasée sur le champ de bataille de Roumélie, la Turquie fut sauvée par l'Angleterre.

Au cours des vingt années qui suivirent la défaite turque, la charte ne donna aucun signe de vie, et il ne fut plus question de réformes. Le Congrès de Berlin, dirigé par Bismarck, négligea ce point qui pourtant avait motivé la guerre de 1877. Le Congrès s'était borné à enregistrer une promesse de réforme en Arménie, promesse vague dont on n'aurait jamais plus parlé si les massacres de Sassoun (1894) n'avaient soulevé l'opinion publique anglaise. Des enquêteurs français, russes, anglais furent envoyés sur les lieux, signèrent un rapport accablant, conclurent à des réformes, mais les Gouvernements russe et français refusèrent d'agir et l'Angleterre, isolée, se dépensa en meetings de protestation. La presse française est achetée, la haute finance pèse de son poids sur les décisions ministérielles, le Kaiser allemand ne voit en Turquie que sa ligne de Bagdad, au bout de laquelle sont les pétroles de Mésopotamie.

L'occasion d'en finir sembla bonne. Soudain, le Sultan répond aux enquêteurs par un massacre général de la population arménienne. La nation y perdit un quart de sa population totale (300.000 victimes), les villages furent incendiés, les quartiers arméniens des villes pillés et dévastés. Les consuls racontèrent les faits dont ils furent témoins. Ils virent les *muezzins* exciter le peuple du haut des minarets, les femmes menées à l'abattoir, les enfants taillés en pièces sur les genoux de leurs parents, les jeunes filles vendues à l'encan, les conversions forcées. A Constantinople, dix mille arméniens étaient assommés à coups de matraques sous les yeux des représentants des Puissances.

Ces choses apparaissent déjà lointaines; les cruels événements de la grande guerre en ont estompé le souvenir et, si l'on peut dire, atténué l'horreur; mais il n'en reste pas moins que les massacres de 1895 à 1896 compteront dans l'histoire parmi les plus grandes catastrophes humaines de tous les temps. Les cris d'alarme poussés par le père Charmettant, le comte de Mun, Vandal et par quelques courageux publicistes trouvèrent un écho jusque dans les Parlements. Des livres bleu, rouge, jaune, enregistrèrent les résultats des enquêtes officielles confiées à des missions spéciales. La conscience publique attendait beaucoup de cette éclatante manifestation des nations civilisées. On attendait... mais rien ne vint. Les mesures de coercition que ces enquêtes semblaient annoncer ne furent jamais prises, l'assistance tant de fois promise aux victimes ne leur fut jamais donnée. Le silence, puis l'oubli, tomba sur tout cela. Aveu d'impuissance chez les uns, d'indifférence chez les autres, dont la barbarie asiatique sut tirer un merveilleux parti. Il était aisé de prévoir cependant que cette honteuse reculade tournerait fatalement contre les nationalités abandonnées. Les Puissances ont-elles jamais prévu qu'elle tournerait avant peu contre elles-mêmes? Cette attitude méritait bien une récompense. La période de temps qui s'écoule entre cet effroyable épisode et la crise balcanique marque en même temps que l'apogée de ce règne, celle des grandes entreprises économiques. Abdul-Hamid prenait à son service la haute finance, ce qui lui valut, en plus de l'amitié allemande, la sympathie de la République. Les ambassadeurs d'Allemagne et de France luttaient de complaisance pour en obtenir des concessions. Aucune rivalité entre eux sur le terrain des affaires. Leurs intérêts se touchaient sans se heurter.

***

L'agitation balcanique trouble cette harmonie sans la détruire. En 1905, la Macédoine était en pleine effervescence. Turcs et chrétiens s'entredéchiraient impitoyablement. Si les faits s'étaient passés à Trébizonde ou à Smyrne, nul n'en eût pris souci. Mais, la Macédoine c'était le brûlot accroché aux flancs du vaisseau danubien. Il fallait, si on voulait éviter une conflagration générale, mettre le pied sur l'étincelle. Après maintes négociations, les Puissances se mettaient d'accord sur un programme qui prévoyait l'établissement d'un contrôle international sur cette province. L'expérience fut de courte durée : elle exaspéra les Jeunes-Turcs de Paris et de Salonique. Une sourde propagande travailla l'armée qui se laissa gagner à un pronunciamento contre le Sultan rendu responsable.

C'est ainsi que Abdul Hamid se vit forcé de restaurer la constitution de Midhat Pacha. A vingt ans d'intervalle, les mêmes causes produisaient les mêmes effets. Encore une fois, la constitution devait servir au même besoin d'écarter l'immixtion étrangère. Les Jeunes Turcs déclaraient inique toute réforme qui n'eût profité qu'à une classe de la population. Le raisonnement ne manquait pas de justesse. Les Puissances s'en contentèrent, d'autant plus que l'opinion générale se prononçait contre l'absolutisme du Sultan.

La vérité est que les Jeunes Turcs ne voulaient d'aucune espèce de réforme, sachant que toute amélioration sociale n'aurait profité qu'à ceux qu'ils voulaient chasser ou détruire. A peine maîtres du pouvoîr, se déchaîna leur colère. Ils portaient la guerre en Albanie, en Syrie, au Yémen; des bandes d'assassins s'abattaient sur l'Arménie et sur la Macédoine. Si bien ils firent, qu'ils soulevaient contre eux la coalition balcanique de 1912, où entraient la Bulgarie, la Serbie et la Grèce. La défaite était inévitable. En cette conjoncture l'expédient constitutionnel ne leur réussit pas plus qu'il n'avait réussi au diplomate libéral de 1877.

Cette fois-ci, ce fut au tour de l'Allemagne à se porter au secours de la Turquie en détresse. Elle l'encourage à la revanche par la perspective d'une alliance contre l'Entente. Elle l'aiderait à réaliser tous ses objectifs lesquels cadraient avec les siens en Europe et sur le Continent Asiatique : l'écrasement de la Serbie, le refoulement des Moscovites au-delà du Caucase, l'expulsion des Anglais du Canal de Suez; telles étaient les perspectives que le Kaiser offrait aux Jeunes-Turcs en automne 1913. L'occasion de liquider une fois pour toutes la question des nationalités, d'humilier l'impérialisme européen, était certes trop belle pour qu'on la laissât échapper.

La Jeune Turquie n'eut rien de plus pressé, une fois au pouvoir, que de reprendre à son compte la politique d'extermination d'Abdul-Hamid, un moment interrompue par les interventions verbales des Puissances.

Un ilôt arménien s'était groupé en Cilicie où il prospérait comme les Hébreux dans la terre de Gessen. Nombreuses étaient les communautés agricoles qui s'étaient établies sur les pentes du Taurus et de l'Amanus; les champs de la Cilicie sont fertiles, tous étaient bien cultivés, tous les enfants allaient à l'école. La tenue de la population annonçait le travail et l'aisance. La cité d'Adana était devenue un centre industriel auquel la ligne du Bagdad aurait apporté un surcroît d'activité et de prospérité. La France y possédait d'importants établissements scolaires qui faisaient de cette heureuse contrée comme un prolongement de l'influence morale que nos admirables missions exerçaient en Syrie. Nulle part, plus qu'en Cilicie, la révolution de Juillet n'avait été accueillie avec un plus sincère enthousiasme, sans arrière-pensée, sans projets politiques. Mais, les Jeunes-Turcs pensèrent que la présence d'une agglomération chrétienne dans ce coin de l'Asie-Mineure, dont l'importance stratégique et économique avait été reconnue par l'Allemagne, constituait un péril pour l'avenir, et son extermination fut décidée. L'opération coïnciderait avec la démonstration des ulémas de Stamboul, évènement prévu, puisque ceux-ci n'en firent jamais mystère, mais que le Comité laissa se développer pour avoir l'occasion de mettre à l'épreuve le loyalisme de ceux dont il se méfiait. On en rejetterait sur eux la responsabilité. Tout s'accomplit suivant leurs desseins. Sans rien approfondir, les Chancelleries acceptaient leurs explications. Encore une fois, l'Europe ne leva pas le doigt.

Ce fut après le drame cilicien qu'apparaît, dépouillé d'artifice, le vrai but de la révolution. Les Jeunes-Turcs participent à la guerre, dans l'espoir qu'à la faveur du cataclysme qu'ils déchaînent avec leurs alliés, ils pourront se livrer à une extermination générale. L'opération leur réussit. De sorte que la destruction des quatre millions de chrétiens qui peuplaient l'Asie Mineure comprend trois étapes : en 1909, ce sont les massacres de Cilicie; en 1915, c'est la tuerie de toute la population mâle, et c'est pour les femmes et les enfants, la déportation dans les déserts de Syrie. Après la défaite des Grecs, Moustafa Kémal n'eut pas grand' chose à faire pour expulser le dernier chrétien du sol de l'Asie-Mineure, et ce fut le dénouement accepté.

Mais le désastre du christianisme oriental devait entraîner fatalement celui de l'influence européenne en Asie, ruiner son prestige. Par la suppression des capitulations, les Jeunes Turcs réalisaient automatiquement cet autre but de chasser de leur territoire les colonies européennes, de fermer leurs écoles, d'annuler leur commerce. L'Europe enfin recueillait les fruits de son aveuglement et de sa coupable indifférence. A Lausanne, elle subissait l'humiliation, ou plutôt le châtiment, de signer le document qui consacra sa déchéance; et c'est vraiment pain bénit.

***

Ce résumé historique, trop bref, d'une série d'évènements sans précédent, n'a pas seulement pour but de montrer les erreurs de la diplomatie moderne, l'étendue de ses responsabilités qu'aucune excuse ne saurait atténuer, mais d'expliquer l'état d'âme du Père Joseph Delarue, et les raisons profondes de son apostolat. Ces évènements, il souffrit de les avoir prévus, il souffrit de les avoir vus se réaliser au-delà de ses craintes. C'est le sort réservé à tout esprit éclairé et pénétrant doublé d'une âme sensible. Portant aux effaires d'Orient l'intérêt le plus passionné depuis qu'il avait eu l'occasion, au cours de ses voyages à travers l'Égypte, la Syrie et la Turquie, de surprendre les mystérieux procédés de l'intrigue turque, il avait deviné ce que les politiciens de Stamboul seraient capables de faire, si l'on n'avisait aux moyens de contenir leurs instincts dans les limites des lois naturelles. Toute défaillance diplomatique l'alarmait, excitait son indignation par la vue des conséquences qu'elle aurait sur l'esprit d'un gouvernement qui n'avait donné que trop de preuves dans le passé de son caractère sanguinaire. Il savait que l'inexplicable mansuétude des ambassadeurs après l'enquête sur les affaires de Sassoun avait causé la catastrophe de 1896; que l'impunité dont Abdul Hamid avait joui avait encouragé les Jeunes Turcs à continuer la sanglante besogne en 1915.

Le Père Delarue était persuadé que, si après les évènements de 1896, les Puissances avaient détrôné Abdul Hamid pour cause d'indignité, les réformes inscrites dans leurs programmes auraient pu être imposées sans obstacle. Le coup d'Etat de 1908 ne se serait pas produit, et la coalition balcanique de 1912 eût manqué de prétexte pour intervenir dans les affaires de Macédoine. Le cours de l'histoire en eût été changé. On voit l'enchaînement. Le dernier maillon de la chaîne n'est-il pas dans l'épisode de Sérajévo, conséquence de l'annexion de la Bosnie-Herzégovine, conséquence elle-même du coup d'État Jeune Turc ?

Ce fut en 1909 que je reçus, à Péra, la visite du Père Joseph Delarue. Il était venu en Orient, me dit-il, pour s'informer des causes qui avaient provoqué les atrocités d'Adana. Il se proposait de faire une enquête à Constantinople, puis de la poursuivre en Cilicie. Cette affaire paraissait le préoccuper beaucoup, et plus qu'il n'eût voulu le faire paraître : comme tous les esprits délicats, le Père Delarue avait la pudeur des sentiments qui jaillissent du cœur. Il n'arrivait pas à comprendre comment un pareil fait avait pu se produire sous un gouvernement composé d'hommes qui, à son avis, avaient rendu à l'humanité l'immense service d'avoir détrôné le « Sultan rouge ». Il s'étonnait cependant que les soldats de l'armée constitutionnelle envoyée en Cilicie eussent trempé dans le massacre. Le régiment d'Adana ne faisait-il pas partie de cette armée qui, associée aux chrétiens Macédoniens, avait rétabli la Constitution ? A qui devait-on s'en prendre ? Au Sultan ? Mais n'était-il pas prisonnier dans son palais de Yildiz ? — Puis le moyen d'admettre que l'idée lui fut venue de s'en prendre plutôt aux Arméniens qu'à ceux qui l'avaient dépouillé de son pouvoir d'autocrate ?

J'entrepris de lui expliquer qu'au point de vue de la sécurité, les chrétiens n'avaient rien gagné au changement de régime. Les Jeunes-Turcs, lui dis-je, n'ont pris le pouvoir que pour empêcher la Grèce de s'annexer l'île de Crète, les Syriens de garder leur autonomie, la Macédoine de jouir de son contrôle international. D'ailleurs, les massacres en Turquie sont moins le résultat d'une intrigue de palais qu'une mesure de police, une arme politique de haute portée que sultans et régimes se passent d'une main à l'autre.

Cette explication le laissa quelque peu sceptique. Il avait peine à admettre cette théorie qu'il jugeait trop machiavélique. Son âme candide se refusait à croire à des desseins aussi diaboliques. Il ne pouvait se résoudre à admettre que les Jeunes-Turcs qu'il avaient connus si corrects, si pleins de nobles sentiments, eussent fait cela. Il lui paraissait plus naturel d'attribuer le dernier attentat, tout comme celui de 1896, aux excitations de la réaction. Cependant, à la réflexion, il s'étonnait que les autorités n'eussent rien fait pour découvrir les coupables et que leur anonymat fût toujours respecté.

« Il leur arrive même, lui dis-je, de condamner à

mort tout arménien qui se défend. On le fait massacrer alors par un tribunal pour montrer à l'Europe, qui pourrait l'ignorer, qu'il y a une justice en Turquie. »

Cependant le Père Delarue connaissait l'Orient, pour l'avoir visité à diverses reprises. Dans son premier voyage, en 1902, il parcourait l'Egypte, la Syrie-Palestine, Constantinople, Nicée, Nicomédie. Mais l'Orient, il le visitait en pèlerin, il l'étudiait en historien, en archéologue, en Français averti qui n'a pas oublié son histoire. Il l'aimait pour l'harmonie de ses paysages, pour ses magnifiques souvenirs ; mais il l'aimait surtout par ce que promettait la nouvelle génération formée dans nos écoles et qui donnait les plus grands espoirs.

A l'archéologie des premiers siècles du christianisme, il consacrait les courts loisirs que lui laissait le ministère des âmes. Un séjour qu'il fit à Rome en sa jeunesse lui avait permis de rassembler sur les catacombes une riche documentation, véritable synthèse de tout ce que l'érudition du siècle dernier a créé sur la matière et qu'il vulgarisait, sous forme de causerie, avec projection de photographies en couleur. Ses conférences obtinrent un vif succès en France, en Suisse et en Belgique. Le Père Delarue était un remarquable conférencier. Doué d'une mémoire exceptionnelle, sûr de sa science, il n'écrivait jamais ce qu'il avait à dire au public. Il parlait d'abondance, et sa parole avait tout le charme de l'improvisation. Sa voix chaude, nette, bien timbrée était singulièrement communicative. Il me souvient d'une séance qu'il donna au collège gréco-français de Péra et jamais évocation historique par l'image et la parole ne fut plus vivante, plus suggestive.

Les raisons qui l'avaient décidé à reprendre en 1909 le chemin de l'Orient n'avaient plus rien à voir avec la préoccupation d'y chercher des armes pour son apologétique, ou des sujets de conférences. La situation des chrétiens d'Orient le tourmentait depuis l'affaire d'Adana et il était impatient d'en éclaircir le mystère. A Paris, il était entré en relation avec des réfugiés arméniens qui lui avaient raconté « les détails lamentables ». Ému par leurs récits, il imagina de se rendre sur les lieux afin d'y mener une vaste enquête qui permît de déterminer les causes de ces désastres périodiques, d'en fixer les responsabilités, d'éclairer l'opinion publique mondiale par des détails précis et sûrs, où tout serait passé au crible d'une critique saine et sévère. Il résolut de se donner à cette tâche avec tout son cœur, tout son courage.

Le voyage à travers la Cilicie dura plusieurs mois. Peu d'enquêtes, a raconté son compagnon de voyage, ont été poussées à fond avec une telle ténacité, une telle ampleur, une telle volonté à tout connaître, une telle patience à ne rien négliger. Les courses, il les faisait à pied ou à cheval. «Et quels chevaux ! des bêtes rétives, capricieuses... les jambes écartées sur des bâts en bois. J'admirai l'endurance du Père, et après ces journées de supplice, les nuits passées dans la vermine. Ajoutez à ces difficultés les contrariétés suscitées par les autorités. Ce n'est pas son endurance qui me touche, c'est sa patience, patience de saint....» Il visita les quartiers incendiés d'Adana, les villages dévastés, les campagnes couvertes de ruines et de débris humains. En même temps qu'il interrogeait les choses, il faisait parler les gens, recueillait les témoignages de toutes provenances, faisant parler les survivants, explorant les archives, les correspondances privées qu'il savait se faire livrer par la confiance qu'il inspirait ; poursuivant ce travail non seulement en Cilicie, mais en Syrie, en Égypte.

Le dossier d'accusation qu'il formait ne se grossissait pas seulement de notes, mais aussi de vues photographiques qu'il prenait à mesure.

Il écrivait à sa sœur : « J'ai pu visiter longuement la ville dévastée ; rien ne peut donner idée des misères qui sont accumulées là, en preuve irrécusable de la sauvagerie des Turcs. Pendant des heures entières on peut errer au milieu des débris ; on va de maison en maison, de rues en rues, dans un labyrinthe de décombres ; pas de toitures, ni de planchers : murs tordus et calcinés; quantité de coffre-forts éventrés et de tous les côtés des poutres brûlées qui battent l'air dans tous les sens au-dessus d'un tas de pierres renversées, de ferrailles, de débris roussis, fondus.... J'ai passé là, du 7 au 16 septembre, sans que l'horreur de la première impression se soit une seule fois amoindrie. C'est à force de pétrole que les Turcs ont réalisé en quelques heures leur programme de destruction. C'est atroce et d'une atrocité que rien ne peut justifier ; il n'y a même pas l'excuse d'une apparente nécessité de se défendre : ils ont massacré, brûlé, saccagé, sans avoir devant eux qu'une population désarmée ».

Tous les renseignements qu'il avait pu recueillir concordaient à établir nettement la tragique responsabilité des autorités. Décidément, la réaction n'y était pour rien en tant qu'initiative, ou plutôt la responsabilité rejaillissait sur toutes les classes de la société Turque. Il était édifié. Sa conviction, il l'aurait voulu communiquer au monde entier en même temps que sa douloureuse émotion. Toute sa vie, il garda la vision de ces choses et l'horreur qu'il en avait se mua en une immense compassion pour la nation éprouvée.

Désormais, toute son activité se déploiera dans le même sens. Son enquête, il la continuera sans répit ni trêve pour dresser contre la Turquie criminelle l'acte d'accusation en vue de l'expiation finale. Cette accusation, provisoirement, il la portera du haut de la chaire, dans ses conférences publiques, dans ses démarches auprès des personnalités susceptibles de l'aider à faire éclater la vérité.

La guerre balcanique, puis celle des Balkans n'interrompirent point ses travaux. Le 29 Septembre 1913, il reprenait la route d'Adana où il arrivait le 8 Octobre, après avoir franchi les gorges du Taurus. Il visitait Hadjine, puis Alexandrette, Latakieh, Antioche, Beylan pour rentrer à Alexandrette et rester en Cilicie jusqu'à la fin de Mars 1914.

Le Père Joseph Delarue occupait depuis la dispersion des Pères de la Congrégation de Jésus un modeste appartement au cinquième étage d'un immeuble de la rue de Vaugirard. C'est là que j'eus le bonheur de le revoir en 1912. Cet intérieur se composait d'une petite pièce meublée de casiers, d'une table où s'entassaient les papiers, d'un lit de camp, qui servait de bureau et de chambre à coucher. Une autre pièce faisait office de salon. C'est là qu'il recevait avec un bon sourire ses amis les rescapés qui venaient lui demander les uns un service ou un conseil, les autres une aumône. Comme le bon Samaritain, il ne faisait aucune distinction entre réfugiés, qu'ils appartinssent ou non à des sectes différentes. Qu'ils fussent grégoriens ou catholiques, tous avaient les mêmes droits sur lui. Tous trouvaient en lui un père qui se penchait avec bonté sur leurs misères.

Ils les défendait contre les calomnies répandues par une propagande qui ne semble n'avoir été organisée que pour atténuer les responsabitités d'une politique qui allait à l'encontre d'une Tradition dont s'enorgueillissait la vieille France et qui faisait d'elle la protectrice attitrée de la Chrétienté orientale.

Faire le bien répondait non seulement à l'idée que le Père Joseph Delarue se faisait de ses devoirs comme serviteur de Celui qui a prêché l'amour du prochain, mais, c'était chez lui un besoin ; bien mieux encore, une habitude, effet de l'éducation qu'il avait reçue au sein d'une famille dans laquelle l'esprit du sacrifice est la règle. Ayant perdu un frère, le général Delarue, et quatre neveux, l'espoir des siens, morts pour la patrie, il se consolait de l'affliction qu'il en éprouvait en consacrant sa vie à la défense d'un peuple persécuté.

Bertrand BAREILLES

ԱԲԲԱ ՏԸԼԱՐԻՒ

Այս գրքոյկը նուիրուած է պահպանելու յիշատակը մեր ցեղին և դատին ամէնէն անկեղծ և ամէնէն ջերմ բարեկամներէն մէկուն, Աբբա Տըլարիւի, զոր կորսնցուցինք 1925 դեկտեմբեր 22ին։

Աբբա Ժօզէֆ Տըլարիւ ծնած էր Բօնթուազ 1853 օգոստոս 22ին և կը վերաբերէր Ֆրանսական այն ամուր և հիւթեղ ընտանիքներէն մէկուն, որոնք այս երկրին ողնայարը կը կազմեն և որոնց առաքինութեանց շնորհիւ է որ Ֆրանսա կրցած է պատմութեան մէջ կատարել և այսօր իսկ կը կատարէ այն մեծ դերը որ իրենն է։ Հայրը, որ Բօնթուազի գօլէժին տնօրէնն էր, կանուխէն մեռաւ 1860ին. ինը զաւակ ունեցած էր, և այրի տիկին Տըլարիւն էր որ մեծցուց զանոնք, անոնց ներշնչելով ամէնէն բարձր սկըզբունքները։ Երկու անդրանիկները յետոյ զօրավար եղան, և երկրորդը պատուոյ դաշտին վրայ ինկաւ մեծ պատերազմին, իր չորս եղբօրորդիներուն հետ։

Ժօզէֆ Տըլարիւ, իր երկրորդական ուսումը աւարտելէ յետոյ, 1872ին մտաւ Ժէզուիթներու Վօժիռարի գօլէժը, և չորս տարի յետոյ ընդունեց կրօնական կարգը։ Գաղափար մը միայն տալու համար թէ կրօնաւորները ի՛նչպէս կը պատրաստուէին այս երկրին մէջ, ըսենք թէ իր գրական ուսումը յառաջ տարաւ 1875-77 Սէնդ-Աշէօլի գօլէժին մէջ և 1881էն 83 Անժէի կաթոլիկ համալսարանը, իր իմաստասիրական ուսումը՝ Սէն-Միշէլ տը Լավալ 1877էն 1879, և աստուածաբանական ուսումը՝ չորս տարի՝ Ինսպրուքի (Թիրոլ) և Ժէրսէի (Անգլիա) կղերանոցներուն մէջ։ Եւ որովհետեւ մասնաւոր հակում մը ունէր պատմական ուսումնասիրութեանց համար, տարի մը աշակերտեցաւ Սորպոնի և տարի մըն ալ անցուց Հռոմ, ուր յատկապէս զբաղեցաւ քրիստոնէութեան առաջին դարերուն պատմութեամբ և այդ ճիւղին մէջ ձեռք բերաւ հմտութիւն մը և հեղինակութիւն մը, որ գովեստով կը յիշուին մասնագէտներու կողմէ։

Զենք ծանրանար իր կրօնաւորի, քարոզիչի և բանախօսի ասպարէզին վրայ, և կ'անցնինք իր կեանքին այն տարիներուն, որոնք զինքը սերտիւ կապեցին մեր ցեղին և մեր դատին։ Իր մէջ յառաջ եկած այս հիմնական փոփոխութեան պատճառն եղան 1909ի կիլիկեան ջարդերը։ Աբբա Տըլարիւ իր ամբողջ էութեամբը վրդովեցաւ այդ եղեռնէն, որ Աբտիւլ Համիտի արիւնալի իշխանութիւնը իբր թէ մոռցնել տալ ուզող Երիտասարդ-Թիւրքերու ձեռքով կը կատարուէր, և ուզեց իր պատմաբանի անաչառ և խիստ քննութեան բովէն անցընել այդ դէպքերը, որոնք անբացատրելի կը մնային իրեն։ Արեւելքը արդէն կը ճանչնար, 1902ին ճամբորդած էր Եգիպտոս, Սուրիա, Պաղեստին, Կ. Պոլիս, Նիկոմիդիա։ Բայց այդ ճամբորդութիւնը կատարած էր իբր ուխտաւոր, իբր պատմաբան, իբր հնագէտ։ Երբ որ 1909ին նորէն ճամբայ ելաւ, այս անգամ դէպ ի Կիլիկիա, իր նպատակն էր հասկնալ Թուրքիոյ մէջ «Ջարդ» անուանուած պարբերական զարհուրելի երեւոյթին պատճառները, որոշել անոնց պատասխանատուութիւնը, և տիեզերական հանրային կարծիքը լուսաբանել ճշգրիտ տեղեկագրութեամբ մը։

Իր այդ առաջին քննութիւնը մէկ քանի ամիս տեւեց։ Ոտքով թէ ձիով, պտըտեցաւ Կիլիկիոյ չորս կողմը, ամէն յոգնութեան և զրկանքի տոկալով, հարցափորձելով բոլոր վերապրողները, հաւաքելով ամէն փաստ ու տեղեկութիւն, լուսանկարներու ճոխ հաւաքածոյ մը կազմելով։

Առանձայէն իր քրոջը գրած մէկ նամակին մէջ կ՚ըսէր. «Երկարօրէն աչքէ անցուցի աւերեալ քաղաքը. ո՛չ մէկ բան կրնայ գաղափար մը տալ այստեղ կուտակուած թըշուառութեանց մասին, որոնք Թիւրքերու վայրենութեան անհերքելի ապացոյցներն են։ Ժամերով ու ժամերով փլատակներու մէջ կը պտըտիս, քարուքանդ եղած տուներու և փողոցներու լաբիւրինթոսի մը մէջէ. ո՛չ տանիք մնացած է, ո՛չ տախտակամած. խորտակուած դրամարկղներ աղբին անդին փռուած են, և ամէն կողմէ կը ցցուին կիսայրեաց գերաններ՝ տապալած քարերու, երկաթեղէններու, խանձած ու հալած բեկորներու դէզերու վերեւ...։ Սեպտեմբեր 7 էն 16 այստեղ անցուցի, և առաջին օրուան ահռելի տպաւորութիւնը նոյնը մնաց միշտ։ Բէզրոլի միջոցով է որ Թիւրքերը մէկ քանի ժամու մէջ իրագործած են իրենց քանդումի ծրագիրը։ Վայրագ գործ մըն է աւիկա, որ ոչ մէկ բանով կարելի է արդարացնել։ Ինքնապաշտպանութեան առերեւոյթ հարկի մը չքմեղանքը անգամ կարելի չէ յառաջ դնել. Թիւրքերը ջարդած, այրած, քանդած են, իրենց դէմ ունենալով անզէն բնակչութիւն մը։»

Այս զարհուրանքէն Աբբա Տըլարիւի կրած տպաւորութիւնը ա՛յնքան խոր եղաւ որ ա՛լ Թուի թէ իր կեանքին միակ նպատակ ընտրեց Թիւրքերու մասին իր կազմած գաղափարը և հայ տառապանքին նկատմամբ իր անուցած խոր համակրանքը բաժնել տալ ամբողջ աշխարհի։ Մէկ կողմէ քարոզներով, բանախօսութիւններով և դիմումներով ճշմարտութիւնը հրապարակ հանելով, միւս կողմէ շարունակեց իր քննութիւնը, կրկին անգամ այցելելով Կիլիկիա, ուր մնաց մինչեւ 1914 ի վերջը։ Իր մտադրութիւնն էր երկու ստուար հատորներով հրատարակել կիլիկեան եղեռնին պատմութիւնը, երբոր մեծ պատերազմը վրայ եկաւ և արգելք դարձաւ իր նպատակին։ Պատերազմի ընթացքին, մեր ցեղին կրած նորագոյն հարուածները այնքան աւելի ահաւոր էին, որ մոռցնել տուին կիլիկեան արհաւիրքը, բայց մենք կը յուսանք թէ Աբբա Տըլարիւի երկախրութիւնը անվթար մնացած է և օր մը պիտի լոյս տեսնէ, իբր մեր մարտիրոսագրութեան ամէնէն մռայլ էջերէն մին։

Պատերազմէն յետոյ, Աբբա Տըլարիւ մեզի հետ բաժնեց մեր յոյսերը և մեր յուսախաբութիւնները մանաւանդ։ Երբ որ ինք ալ մեզի հետ եկաւ այն ցաւոտ եզրակացութեան թէ մեզի տրուած բոլոր խոստումներն անհետեւանք պիտի մնային, ա՛լ ուրիշ գործ չունեցաւ բայց եթէ մեղմել, որքան մարդկօրէն հնար էր, հայկական տառապանքը։ Իր ամբողջ սիրտը, ամբողջ եռանդը և ժամանակը նուիրեց այն բիւրաւոր Հայերուն՝ զորոնք նոր աղէտներ նետեր էին Ֆրանսայի հիւրընկալ ափունքը։ Անոնց համար առաջնորդ մը, բարեկամ մը, հայր մը եղաւ։ Այդ ալեզարդ ծերունին, զմայլելի աշխուժութեամբ, անդուլ անդադար կ'աշխատէր մէկու օգնութիւն մը հասցնելու, ուրիշին գործ մը գտնելու, և ամբողջ Հայերուն վրայ հրաւիրելու ֆրանսական կառավարութեան և ժողովուրդին լիուլի և վստահալից բարեացակամութիւնը։ Իր համոզումը այն էր թէ Հայերը օտարականներ չեն այս երկրին մէջ, թէ իրաւունք ունին այն առանձին հոգածութեան և պաշտպանութեան զոր Ֆրանսա իրենց կը պարտի իբր Արեւելքի քրիստոնեաներուն։ Ըստ իրեն Ֆրանսա պէտք է երկրորդ հայրենիք մը ըլլար այստեղ նաւաբեկեալ Հայերուն համար։ Անշուշտ իր այս դատողութեան մէջ բաժին ունէր իր ֆրանսացի հայրենասէրի մտահոգութիւնը, որով կ'ուզէր այս երկրին ապահովել աշխատասէր և գործունեայ տարրի մը բերելիք օգուտը, բայց միանգամայն կ'առաջնորդուէր ան՝ մեր ցաւերը նուազեցնելու իր բուռն և մարդկային բաղձանքէն։ Եւ, այդ զգացումէն մղուած, կ'աշխատէր օգտակար ըլլալու ամէն հայու որ կրնար պէտք ունենալ իր բանիմաց օժանդակութեան։

Կը յիշեմ որ անգամ մը Ազգ. Պատուիրակութեան մէջ եկաւ ինծի գումար մը յանձնեց, որպէսզի ի հարկին տանք կարօտ Հայերու։ Առաջին անգամ էր որ օտարազգի մը այս մտահոգութիւնը կ'ունենար, այնքան տարբեր ուրիշներէ, — անհատներ, կազմակերպութիւններ թէ Ազգերու Ընկերութիւն — որ մեզի օգնելու համար ամէն բանէ առաջ մեզի հետ կը սակարկէին մեր բերելիք բաժինը։ Աբբա Տըլարիւ ասոնցմէ չէր, որովհետեւ, ըստ իրեն, Հայերուն օգտակար ըլլալը թեթեւագոյն միջոցն էր Եւրոպացիներուն համար մեղմելու իրենց խղճի խայթը և կատարելու իրենց պարտականութիւնը։

— Ես գիտեմ որ դուք չափէն աւելի ծանրաբեռնուած էք ձեր հանրային և բարենպատակ գործերով, և ամէնուն չէք կրնար հասնիլ։ Ուստի թոյլ տուէք որ կրցածիս չափ թեթեւցնեմ ձեր բեռը։

Ու Ազգ. Պատուիրակութեան հրատարակած գրքերու և տետրակներու բեռ մը շալկած, կ'ելլէր կ'երթար, ցրուելու համար զանոնք ֆրանսացի ընտանիքներու մէջ, մեր դատը և մեր ցաւը ճանչցնելու անսպառ եռանդով։

Մեծ, անշահախնդիր ու բոլորանուէր բարեկամ մը կորսնցուցինք իր մահուամբ։ Զինքը չպիտի մոռնանք, և իր կեանքն ու գործը ճանչցնելու համար է որ իր յիշատակը յարգող մէկ քանի բարեկամներ, Պ. Գ. Սինապեանի նախաձեռնութեամբ, այս գրքոյկը հրատարակեցին, քանի որ Յիսուսեան Միաբանութեան, որուն կը պատկանէր Աբբա Տըլարիւ, կանոնները թոյլ չեն տար տապանաքար մը դնել իր գերեզմանին վրայ, Մոնբառնասի գերեզմանատան մէջ։

Լ. ԲԱՇԱԼԵԱՆ

www.ingramcontent.com/pod-product-compliance
Lightning Source LLC
LaVergne TN
LVHW050502160826
845677LV00003B/886

* 9 7 8 2 3 2 9 6 5 9 1 7 6 *